Ich denk an dich

Ich kann jetzt nicht bei dir sein,
doch was hier steht, das soll dir zeigen –
ich denk an dich.

Ich erinnere mich an gemeinsame Zeiten,
es sind schöne Erinnerungen –
ich denk an dich.

Ich freue mich auf ein Wiedersehen
mit dir –
ich denk an dich.

In inniger Liebe

Das ist keine Einbildung, ich fühl's immer durch den ganzen Körper, dass die Strümpfe, die du mir gestrickt hast, wärmer halten als andre, selbst wenn sie schon zehnmal gewaschen sind.
Ich nehme sie auch diesmal wieder auf meine Gletschertour mit. Nächsten Sonntag reise ich ab und werde dir von unterwegs schreiben, wann ich wieder nach Hause komme; wahrscheinlich schon vor dem 10. August. Auf ein frohes Wiedersehen dann!
In inniger Liebe – dein oller Jung

RICHARD DEHMEL AN SEINE MUTTER

Lebensweg

Ich bin durchs Leben auf dich zugegangen,
so fest und klar, wie übers grüne Land
die Taube flog, die lange eingefangen
nun doch den Weg zur süßen Heimat fand.

Und denke ich an Sturm und Streit und Streben,
an meiner Jugend Wandern dort und hier,
so ist mir oft; es war mein ganzes Leben
ein stiller, unbeirrter Weg zu dir.

BÖRRIES VON MÜNCHHAUSEN

Dein Licht

Lieber Herr,
ich weiß, wenn ich es zulasse, dass dein Wesen in mir zur Blüte kommt, dann werde auch ich für andere Menschen anziehend sein – nicht, weil ich etwas Besonderes bin, sondern weil dein Licht durch mich nach außen strahlt.

MONA TYLER

so schön geschaffen …

Unter den Menschen sind es nur einzelne,
die ohne an sich zu denken,
die reine Freude an dem haben,
was Gott selbst im Kleinsten
so schön geschaffen hat.

ADALBERT STIFTER

Augen für das Wunderbare

Vieles wünsche ich dir,
aber vor allem dies,
dass du Augen hast
für das Wunderbare,
für all die Herrlichkeiten,
die das Leben dir
zum Geschenk macht:
das Meer
mit seinen Gezeiten,
die silbernen Wolken,
die leuchtenden Bogen
am Himmel.
Wer sehen kann,
begegnet dem Glück.

SABINE NAEGELI

In allen Dingen

Gott ist in allen Dingen,
sodass wir ihn im Spiegel der Schöpfung
sehen können.
Darum führt uns jedes Geschöpf
zum Schöpfer hin.

JOHN WESLEY

Liebe

Liebt Gottes Schöpfung,
das All und jedes Sandkorn.
Liebt jedes Blättchen,
jeden Strahl von Gottes Licht.
Liebt die Tiere, liebt die Pflanzen,
liebt jedes Ding.

FJODOR M. DOSTOJEWSKI